VENTE DU MARDI 21 MAI 1889

HÔTEL DROUOT, SALLE N° 1

FAIENCES, PORCELAINES

TABLEAUX

BRONZES ET MEUBLES ANCIENS

Sièges couverts en tapisserie au point

CURIOSITÉS DIVERSES

EXPOSITION PUBLIQUE

LE LUNDI 20 MAI 1889

Mᵉ PAUL CHEVALLIER	M. CHARLES MANNHEIM
COMMISSAIRE-PRISEUR	EXPERT
10, rue de la Grange-Batelière, 10	7, rue Saint-Georges, 7

CATALOGUE

DES

FAIENCES ANCIENNES

DE

Moustiers, Marseille, Rouen
Strasbourg, Delft, Faïences italiennes

PORCELAINES DE SÈVRES, DE SAXE, ETC.

Sculptures, Tableaux, Curiosités

PENDULES LOUIS XVI, FLAMBEAUX

BEAUX SIÈGES GARNIS EN TAPISSERIE AU POINT

Chaises à porteurs

MEUBLES ANCIENS

Étoffes

DONT LA VENTE AURA LIEU

HOTEL DROUOT, SALLE N° 1

Le Mardi 21 Mai 1889

A DEUX HEURES

M° PAUL CHEVALLIER	M. CHARLES MANNHEIM
COMMISSAIRE-PRISEUR	EXPERT
10, rue de la Grange-Batelière, 10	7, rue Saint-Georgés, 7

EXPOSITION PUBLIQUE

Le Lundi 20 Mai 1889, de une heure à cinq heures

CONDITIONS DE LA VENTE

Elle sera faite au comptant.

Les acquéreurs payeront en sus des enchères *cinq pour cent*, applicables aux frais.

L'exposition mettant le public à même de se rendre compte de l'état des objets, il ne sera admis aucune réclamation une fois l'adjudication prononcée.

Paris. — Imp. de l'Art. E. MÉNARD et Cie, 41, rue de la Victoire.

Désignation des Objets

FAIENCES

1 — Deux beaux cache-pots en faïence de Moustiers, à décor polychrome composé de médaillons à sujets mythologiques, de bouquets et de guirlandes.

2 — Plat de Moustiers, décoré en bleu et aux armes de La Vrillière.

3 — Belle assiette en faïence de Rouen, décorée en bleu au fond d'une armoirie épiscopale, et au marli d'une bordure à lambrequin.

4 — Jolie écuelle en vieux Moustiers, décor à médaillons et guirlandes polychromes.

5 — Jolie assiette de même faïence, avec médaillon mythologique au centre, et guirlandes au marli.

6 — Jolie écuelle à oreilles ajourées, couvercle et plateau en ancienne faïence de Marseille, finement décorée de paysages animés de figures, en couleur.

7 — Assiette en Moustiers, décorée en bleu sur le marli de rinceaux déliés et de guirlandes, et au fond d'un chiffre timbré d'une couronne.

8 — Beau plat en faïence de Rhodes, à fleurs et feuillages en émaux bleu, rouge et vert, sur fond blanc.

9 — Deux jolies assiettes, à bords festonnés, filets et picots en dorure; elles sont décorées de fleurs polychromes très finement peintes. Sceaux-Penthièvre.

10 — Deux beaux vases ovoïdes et à deux anses, en faïence d'Urbino, à fond émaillé blanc et à riche décor composé de cartels, de chimères, d'enfants; polychrome sur une face et bleu sur l'autre.

11 — Deux plats à bords festonnés, en faïence de Strasbourg à décor de fleurs, marque de P. Hanong.

12 — Lot d'assiettes à fleurs et ornements polychromes, en faïence de Strasbourg.

13 — Deux grands lions assis en regard, les pattes de devant sur un cartouche, en faïence de Rouen, émaillée en couleur.

14 — Deux plaques en faïence de Castelli, à sujets, encadrées, et un carreau en faïence hollandaise, représentant un petit paysage polychrome.

15 — Plaque ronde à décor polychrome, en faïence italienne, représentant une chasse au sanglier.

16 — Lot de couvercles en porcelaine et faïence.

17 — Grande bouteille à deux renflements, en faïence de Delft, à décor bleu dans le goût chinois.

18 — Fontaine en faïence de Varages, décorée en bleu.

19 — Soupière couverte en faïence de Lille, décorée
en bleu et aux armes des Brissac.

20 — Aiguière forme casque, à mascaron sous le
bec, faïence italienne.

21 — Cruche en faïence allemande, médaillon en
grisaille : Suzanne et les Vieillards, avec enca-
drements en couleur; couvercle en étain.

22 — Deux cornets en faïence italienne, à armoiries
en bleu, avec l'inscription : Monasterio Masal-
lana.

23 — Couvercle de daubière, en faïence de Marseille,
formé de fruits et de légumes décorés au naturel.

24 — Deux cache-pots en Rouen, l'un bleu, l'autre
polychrome.

25 — Deux cache-pots Moustiers, décor bleu à
lambrequin ; anses figurées par des mascarons.

26 — Deux bouteilles Nevers, à décor en manganèse
dans le goût chinois.

27 — Deux beurriers en Delft.

28 — Beurrier en forme de perdrix, décoré au naturel, Delft.

PORCELAINES

29 — Écuelle couverte et plateau en vieux Sèvres, pâte tendre, à bouquets détachés et filets bleus.

30 — Assiette creuse, décorée de rubans ondulés et de guirlandes de fleurettes, en Capo di Monte.

31 — Plateau à biscuits, élevé sur piédouche, en porcelaine de Saxe gaufrée; décor à bouquets.

32 — Tasse octogone à deux anses et soucoupe en Saxe.

33 — Bol octogone, vieux Japon, bleu, rouge et or.

34 — Sucrier Louis XV, lobé, à couvercle et plateau en porcelaine tendre de Mennecy, décoré de fleurs.

35 — Groupe de deux figurines ; Psyché et l'Amour, en porcelaine de Saxe.

36 — Joli groupe de deux figurines, en porcelaine de Frankenthal.

37 — Deux oiseaux perchés sur des branches, en porcelaine de Saxe Marcolini.

38 — Deux figurines en porcelaine de Vienne : le Marchand d'orviétan et la Dame en travesti.

39 — Grand groupe en biscuit de porcelaine, composé de trois figurines entourant un vase et placées sur un socle cylindrique.

40 — Autre groupe, moins grand, en biscuit : le Concert des bergers.

41 — Deux pots sphériques en Chine, décorés d'émaux de couleur.

42 — Six plaques rectangulaires en hauteur, de vieux Chine, décor à personnages en émaux de la famille verte.

43 — Six assiettes en porcelaine de Chantilly gaufrée
en vannerie et à côtes en spirale, et décorée de
bouquets et de fleurs jetés, en couleur.

44 — Pot à eau et cuvette ovale, en ancienne porcelaine de Frankenthal, à décor de bouquets en
couleur.

45 — Vase ovoïde Louis XVI, à perles, godrons et
guirlandes, en porcelaine de Sèvres blanche
non décorée.

46 — Lampe montée sur une bouteille en Chine
émaillé rouge.

47 — Beau plat à décor polychrome, représentant
un nid d'aigles avec marli quadrillé de vert,
coupé par quatre réserves à fleurs. Vieux Frankenthal.

48 — Assiette de même porcelaine, à médaillon
d'oiseaux au fond et à médaillon aux armes de
Bavière reliées par des guirlandes et des dra-
peries. Frankenthal.

49 — Petit vase cylindrique à branchages polychromes, en Chantilly; monture en bronze.

50 — Deux moutardiers en forme de baril, en vieux
Sèvres, pâte tendre, décor à fleurs.

51 — Tasse et soucoupe, décorées d'un semis de
roses, vieux Sèvres tendre.

52 — Cabaret en vieux Saxe, à décor d'oiseaux,
plateau lobé, chocolatière, petite théière, pot à
lait et deux tasses avec soucoupes.

53 — Légumier à couvercle, surmonté de fleurs en
relief, décor à fleurs. Furstemberg.

54 — Grande chope à médaillons de cavaliers et en-
cadrements en dorure. Saxe Marcolini.

55 — La Fillette au tambour de basque, figurine en
Saxe.

56 — Tasse sans anse et soucoupe en Saxe, décor à
fleurs polychromes avec rehauts d'or.

57 — Deux tasses droites et soucoupes, variées de
décor, en porcelaine de Trévise.

58 — Deux tasses avec soucoupes, à décor polychrome, en porcelaine de Venise.

59 — Buire et chope, en porcelaine de Chine.

60 — Deux petits flambeaux en Saxe, décorés en
couleur.

61 — Plusieurs tasses et soucoupes, en porcelaine
de Chine et du Japon.

62 — Deux soupières avec couvercles et plateaux,
en porcelaine de l'Inde, à armoiries en émaux
de couleur et guirlandes en dorure.

63 — Bol en porcelaine de Chine, décor à manda-
rins.

SCULPTURES

64 — MARBRE BLANC. Petit groupe en ronde bosse : Nymphe et amour.

65 — Deux appliques de meuble en acajou sculpté, représentant deux cygnes.

66 — BOIS SCULPTÉ. Soufflet de style Renaissance et applique de meuble : Colombes affrontées.

67 — Porte de tabernacle en bois gravé et doré du XVIIᵉ siècle.

68 — Petit buste de Voltaire, en terre cuite. Signé A. Thomas.

69 — Groupe : Bacchante et satyre en terre cuite, d'après Clodion.

OBJETS VARIÉS, TABLEAUX

70 — Lanterne de poche à fond et dessus en nacre finement gravée. Époque Louis XV.

71 — Six petites peintures de Brunswick, sur plaques de tôle; cavaliers et bestiaux d'après Wouwerman, Berghem, etc.

72 — Médaillier contenant des jetons en cuivre.

73 — Briquet du xviiie siècle, en cuivre gravé.

74 — Peigne et petit outil en fer.

75 — Socle de vase et figure de femme couchée, en bronze.

76 — Deux appliques en cuivre repoussé, à figures et ornements. xviiie siècle.

77 — Petit tableau en cuivre repoussé : l'Annonciation.

78 — Trépied italien en fer forgé et doré.

79 — Coffret Louis XV décoré de fleurs peintes au vernis.

80 — Ancien mouvement d'horloge.

81 — Deux chenets Louis XIII en fer, à boules, mascarons et enroulements.

82 — Grand plat ovale en fonte, à sujets en relief, tirés de l'Iliade.

83 — Lot de tasses et plateaux en laque.

84 — Deux nécessaires de poche en argent, à figures et rocailles. Époque Louis XV.

85 — Autre en écaille de l'Inde.

86 — Dessus de brosse en ivoire sculpté, à médaillon : buste du prince de Savoie, et à motifs d'encadrement.

87 — Trois petits ivoires japonais.

88 — Deux petits portraits peints sur émail : membres du parlement, époque Louis XIV, et jeune homme en costume Louis XVI.

89 — Six pièces : boîte écaille blonde, miniature, mosaïque romaine, et trois étiquettes à vin, en porcelaine.

90 — Chope couverte, en verre de Bohême gravé à figures et ornements.

91 — Deux épées du XVIIIe siècle.

TABLEAUX

92 — DUPLESSIS-BERTAUX. Convoi militaire.

93 — PRUDHON (d'après). La Justice poursuivant le Crime.

94 — ÉCOLE FRANÇAISE. XVIIIe SIÈCLE. Portrait de jeune femme à robe grise et écharpe rose.

95 — ÉCOLE HOLLANDAISE. Portrait de deux enfants.

96 — Environ vingt tableaux anciens.

97 — Lot de toiles peintes, sans châssis.

98 — Lot de cuirs de Cordoue.

BRONZES D'AMEUBLEMENT

99 — Jolie pendule Louis XVI en marbre blanc, richement garnie d'appliques et d'ornements en bronze ciselé et doré ; la face est décorée de rinceaux et de guirlandes, les côtés de cornes d'abondance. Elle est surmontée d'un buste de Cérès au milieu d'attributs agrestes.

100 — Deux petits candélabres à trois lumières supportées par des figurines d'enfants, en bronze sur socles ronds en marbre blanc.

101 — Petite pendule Louis XVI en bronze doré, ayant la forme d'un petit monument à colonnes reliées par des guirlandes et par un trophée champêtre.

102 — Paire de flambeaux en bronze du premier Empire, composés de trophées d'armes, fusils en faisceau, drapeaux et casques.

103-104 — Deux paires de flambeaux Louis XV à cannelures et perles en cuivre argenté.

105 — Plusieurs lots de cuivres anciens pour meubles.

MEUBLES, TAPISSERIES AU POINT, ÉTOFFES

106 — Beau meuble de salon en noyer sculpté, de style Louis XIII, à feuillages et entrelacs, composé d'un canapé et de six grands fauteuils, recouverts en tapisserie au point, à compositions mythologiques et motifs d'oiseaux avec entourage de fleurs et d'ornements sur fond noir.

107 — Grand et beau parement d'autel en tapisserie au point, à décor de fleurs et de rinceaux sur fond blanc formant encadrement à trois sujets tirés du Nouveau Testament ; celui du milieu représente la Mise au tombeau d'après le Titien.

108 — Trois grands fauteuils du temps de Louis XIV, en bois sculpté, recouverts d'ancienne tapisserie au point, à figures, fleurs et ornements.

109 — Chaise à porteurs de la Régence, en bois sculpté et doré, revêtue de cuir noir et cloutée de cuivre.

110 — Chaise à porteurs du xviiie siècle, à ornements sculptés et dorés ; couverte en cuir et cloutée de cuivre.

111 — Trois tabourets carrés Louis XVI, en bois sculpté.

112 — Chaise longue cannée de l'époque Louis XVI.

113 — Grande et belle armoire hollandaise à corniche cintrée et entrecoupée, décorée, en marqueterie de bois, de fleurs, de chiffre et d'ornements, et offrant sur les deux portes les figures : l'Espérance et la Foi. xviie siècle.

114 — Bonheur du jour à cylindre et à corps supérieur ouvrant à deux portes garnies de glaces étamées ; bois d'acajou à baguettes de cuivre. Époque Louis XV.

115 — Petit cabinet italien à façade d'aspect monu-
mental, en bois d'ébène enrichi de mosaïque en
lapis, jaspes, porphyre et aventurine. Époque
Louis XIII.

116 — Console demi-lune Louis XVI, en bois sculpté
et peint gris, à pieds cannelés et à ceinture
ajourée, décorée de fleurons inscrits dans une
boucle. Dessus en marbre.

117 — Régulateur Louis XIII en ébène incrusté de
filets de cuivre et formé d'une religieuse élevée
sur gaîne a contours.

118 — Bahut Louis XIII à deux corps en noyer ; le
corps inférieur est à deux portes avec tiroirs en
haut et en bas, décorés de fleurs de lis ; la partie
supérieure est à deux vantaux présentant des
vases de fleurs.

119 — Petit miroir Louis XV à cadre sculpté et doré,
composé de fleurs et de feuillages.

120 — Miroir ovale à glace biseautée, avec riche

encadrement en bois sculpté et doré, à fleurs et feuillages fouillés à jour. Dans le couronnement est une figurine d'enfant.

121 — Grand miroir vénitien à couronnement contourné, avec cadre en glace étamée et dépolie.

122 — Deux torchères du XVIIe siècle en bois doré, formées chacune d'une statuette tenant une corne d'abondance.

123 — Baromètre Louis XVI en bois sculpté et doré, modèle à vase et dépouille de lion.

124 — Petite armoire Louis XVI à colonnes d'angles et à portes vitrées surmontant deux tiroirs ; acajou garni de baguettes de cuivre poli.

125 — Bois de fauteuil Louis XIV en noyer, à pieds de biche et à ornements sculptés.

126 — Bois de fauteuil Louis XVI, dossier à médaillon.

127 — Deux fauteuils Louis XV ; l'un en blanc,
l'autre couvert.

128 — Deux grands fauteuils Louis XIII en noyer
tourné, couverts en tapisserie au point, à figures
et fleurs.

129 — Autre à dossier non couvert.

130 — Bois de fauteuil Louis XV, doré.

131 — Deux petites chaises Louis XIII à peu près
semblables.

132-133 — Huit morceaux ovales de tapisserie au
petit point, pour sièges, à décor de fleurs et
d'ornements variés.

134 — Petit morceau de tapisserie au point : Saint
Joseph et l'Enfant Jésus.

135 à 137 — Douze morceaux d'ancienne tapisserie
au point pour grands fauteuils.

138 — Croix et bande de chasuble en tapisserie au point.

139 — Lot de coupes de soie Empire, à dessin de feuillages, jaune sur fond ponceau.

140 — Lot de soieries anciennes,

141 — Lot d'anciennes franges.